BEI GRIN MACHT SICH IHR WISSEN BEZAHLT

- Wir veröffentlichen Ihre Hausarbeit, Bachelor- und Masterarbeit

- Ihr eigenes eBook und Buch - weltweit in allen wichtigen Shops

- Verdienen Sie an jedem Verkauf

Jetzt bei www.GRIN.com hochladen und kostenlos publizieren

GRIN ☺

Dominik Labocha

Die Büchse der Pandora. Der Mythos nach Hesiod und seine Darstellung im Computer-Spiel "God of War I"

GRIN Verlag

Bibliografische Information der Deutschen Nationalbibliothek:

Die Deutsche Bibliothek verzeichnet diese Publikation in der Deutschen National-
bibliografie; detaillierte bibliografische Daten sind im Internet über http://dnb.d-
nb.de/ abrufbar.

Impressum:

Copyright © 2013 GRIN Verlag GmbH
Druck und Bindung: Books on Demand GmbH, Norderstedt Germany
ISBN: 978-3-656-73011-8

Dieses Buch bei GRIN:

http://www.grin.com/de/e-book/279231/die-buechse-der-pandora-der-mythos-nach-
hesiod-und-seine-darstellung-im

GRIN - Your knowledge has value

Der GRIN Verlag publiziert seit 1998 wissenschaftliche Arbeiten von Studenten, Hochschullehrern und anderen Akademikern als eBook und gedrucktes Buch. Die Verlagswebsite www.grin.com ist die ideale Plattform zur Veröffentlichung von Hausarbeiten, Abschlussarbeiten, wissenschaftlichen Aufsätzen, Dissertationen und Fachbüchern.

Besuchen Sie uns im Internet:

http://www.grin.com/

http://www.facebook.com/grincom

http://www.twitter.com/grin_com

Schule: Hümmling Gymnasium Sögel   **Schuljahr:** 2013/2014

Fach: Seminarfach sf 85
Antike Erzählungen in den heutigen Medien

< Die Büchse der Pandora – Der Mythos nach Hesiod und seine Darstellung im Computer-Spiel „God of War I" der SCE Studios Santa Monica >

von

<Dominik Paolo Labocha>

Ausgabetermin des Themas: 11.02.2014   Abgabetermin der Arbeit: 25.03.2014

Inhaltsverzeichnis

1. Einleitung und Fragestellung

Die Büchse der Pandora ist ein mythologisches Objekt, welches bis heute zur Umschreibung zwiespältiger Umstände gebraucht wird. Gerade im Journalismus ist der Ausdruck sehr beliebt, z.b. in politischen Angelegenheiten.[1] Jedoch findet der Mythos „Prometheus und Pandora" des griechischen Dichters Hesiod nicht nur im Journalismus der heutigen Medien Verwendung, sondern auch in Videospielen. Ich habe vor ca. einem Jahr das Spiel „God of War I" von einem Freund bekommen und hatte sehr viel Spaß daran es zu spielen. Als ich nach der Wahl dem Seminarfach „Antike Erzählungen in den heutigen Medien" zugeteilt wurde, hatte ich bereits die Idee über das Spiel „God of War" zu schreiben.

Es ist in Deutschland am 17. Mai 2006 auf der Playstation 2 erschienen und gehört den Genres Action-Adventure, sowie Hack & Slay an. Es wurde von Sony Computer Entertainmet veröffentlicht und den SCE Santa Monica Studios unter der Leitung des Autoren David Jaffe entwickelt[2], welchen ich auf Twitter versucht habe zu kontaktieren, um ihn nach seiner Inspiration für die mythologische Umdeutung zu fragen. Des Weiteren ist das Spiel ab 18 Jahren freigegeben und wird lediglich als Einzelspieler gespielt.[3]

Zu meiner Gewissheit über das Facharbeitsthema fehlte mir noch die passende Literatur, dessen Beschaffung sich als Problem erwies. Wir fuhren in die ULB Münster, um uns Bücher zu besorgen. Nach meinem ersten Beratungsgespräch wurde ich im Katalog fündig, jedoch waren die Werke nicht zur Ausleihe verfügbar. Nach langer Orientierung bekam ich die Bücher per Fernleihe und musste beim Lesen feststellen, dass lediglich eine der Sekundärquellen auf meine Fragestellung eingeht. Das Buch „Mythos Pandora Texte von Hesiod bis Sloterdijk" las ich mit viel Begeisterung. Inspiriert von den aufgeführten Werken verschiedener Autoren, schrieb ich ein Lied in Form einer Nachempfindung des Mythos in der Rolle des Epimetheus. Ich entwickelte nämlich eine gewisse Empathie für die Figur Pandora und war von einigen Texten berührt und fasziniert, da sie mich durch die Darstellung Pandoras an Dinge aus meinem Leben erinnern. Das hat mich schließlich dazu angeregt meine Fragestellung anthropologisch

---

[1] http://bazonline.ch/wissen/technik/Atomenergie-die-letzte-Hoffnung/story/10833158
[2] http://www.giantbomb.com/david-jaffe/3040-44184/
[3] http://godofwar-game.de/index.php/god-of-war-i-allgemeine-infos

zu gestalten und Bezug auf das alltägliche Leben zu nehmen. Genauer genommen möchte ich folgende Dinge untersuchen:

Inwieweit ist die Menschheit übermütig in Sachen Innovation, insbesondere der Technologie und was büßen wir dafür ein? Ist es Pandoras Büchse oder völlig ungefährlich? Inwieweit ist sie vergleichbar mit den Facetten der Liebe und Sexualität? Welche Rolle spielt Pandora in „God of War" und wie wird der Mythos dargestellt? Gibt es Abwandlungen und Umdeutungen? Was könnte der Grund dafür sein? Ist der Protagonist Kratos übermütig oder empfindet er Liebe, wenn ja, für was? Ich hatte sogar noch weitere Ideen, jedoch hätten diese mein thematisches Spektrum überschritten und so werde ich im Hauptteil auf die oben geschilderte Fragestellung eingehen.

2. Hauptteil

2.1 Inhaltsangabe des Mythos

Der griechische Dichter Hesiod erzählt in seinem Mythos *„Prometheus und Pandora"* welcher in seinem Buch *„Werke und Tage"* (griechisch: *„εργα και ημεραι"*) von Vers 47-105 zu finden ist, von einer Bestrafung für die Menschheit in Form einer Büchse und ihrer Hüterin Pandora, welche Unheil über die Menschen bringt, weil sie diese öffnet.[4]

Zeus ist höchst verärgert und fühlt sich betrogen, da Prometheus den Menschen das Feuer gebracht hat. Im Donner spricht dieser zu ihm und droht Unheil über die noch glücklichen und unbeschwerten Menschen zu bringen. Er bittet den Feuer- und Schmiedegott Hephaistos[5] eine junge Frau nach seinem Bilde zu erschaffen und nennt sie Pandora. Diese wird von Aphrodite, Athene, den Chariten, Peitho, Hermes und den Horen mit Schönheit, Begabungen und anderen Vorzüglichkeiten beschenkt. All das soll den Männern auf der Erde zum Verhängnis werden. Schließlich beauftragt Zeus, den Götterboten Hermes[6] Pandora zu Epimetheus[7], dem Bruder Prometheus zu schicken. Dieser ist so naiv den Rat seines Bruders zu ignorieren und trotz der Warnung das Geschenk anzunehmen, anstatt es zur Vermeidung des Unheils zurück zu senden, wie er es ihm aufgetragen hat. Diesem wird sein fataler Fehler erst im Nachhinein

---

[4] HESIOD, Werke und Tage, Vers 47-105
[5] „Hephaistos", in: Lexikon der griechischen und römischen Mythologie, Christine Harrauer, Perkersdorf, 2006, S. 200
[6] „Hermes", in: Lexikon der griechischen und römischen Mythologie, Christine Harrauer, Perkersdorf, 2006, S. 226
[7] http://www.vollmer-mythologie.de/epimetheus/

bewusst. Pandora öffnet den Deckel der Büchse und lässt nun all das Unheil über die Welt hinein brechen, welches ihr bislang erspart geblieben ist. Im Bedenken all der Leiden unter den Menschen verschließt Pandora die Büchse wieder noch bevor die Hoffnung mit entweicht. Zeus' Wille ist somit geschehen, da die Menschheit unter Unheil, Krankheit und Tod leidet.

2.2 Interpretation und Erläuterung

Abgesehen von Hesiods Urquelle des Pandora Mythos gibt es mehrere Überlieferungen, welche sich in ihren Details unterscheiden oder zumindest umgedeutet wurden. Ursprünglich wird in Vers 94 lediglich ein Gefäß erwähnt, von welchem Pandora den Deckel abnimmt. So gibt es verschiedene Deutungen des Gefäßes neben der Bezeichnung als Büchse, welche sich etabliert hat[8], wie zum Beispiel als Schale[9], wobei man eine Schale in der Regel nicht öffnen kann. Es ist unklar, ob die Hoffnung in der Büchse geblieben ist und ob Pandora selbst aus Boshaftigkeit oder Neugier, ihr Gatte Epimetheus oder sogar Prometheus selbst die Büchse geöffnet haben soll.[10] Fest steht, dass Prometheus den Menschen das Feuer gebracht haben soll[11], es wird zwar nicht erwähnt wie, aber einer Quelle zufolge soll er es von der Sonne genommen haben.[12] Es wäre aber auch denkbar, dass er es aus der Werkstatt des Hephaistos entwendet hat.

2.2.1 Facetten der technischen Entwicklung

Dieser Schritt muss eine große Bereicherung für die Menschen gewesen sein, denn nun konnten sie heizen, kochen, schmieden und Ähnliches, Privilegien, die zuvor nur den Göttern zugestanden hatten. Eine solche Errungenschaft weckt die Neugier bzw. die Kreativität des Menschen, welcher dadurch Innovation schafft, so als hätten Menschen ihr Potential in Form von Zunder und Holz, man bräuchte nur noch Feuer zum entzünden. Diese Gegebenheit ist eine menschliche Konstante, da sie sich bis in die heutige Zeit gehalten hat. Nach wie vor sind wir Menschen wissbegierig und forschen, um Innovation zu schaffen, wobei dies ohne die Entdeckung des Feuers undenkbar wäre (ob nun von Prometheus gebracht oder auf anderem Wege. Es ist schließlich nur ein

---

[8] http://suite101.de/article/die-buechse-der-pandora-raetsel-und-fakten-um-eine-redewendung-a107605
[9] HERCHER, „Prometheus", 2. Aufzug, 2. Auftritt, in: RENGER, „Mythos Pandora"
[10] http://suite101.de/article/die-buechse-der-pandora-raetsel-und-fakten-um-eine-redewendung-a107605
[11] HESIOD: „Werke und Tage" Vers 54f
[12] http://www.navigator-allgemeinwissen.de/die-wichtigsten-fragen-und-antworten-zur-mythologie/griechische-mythologie/legenden-a-sagen/prometheus/749-was-holte-prometheus-von-der-sonne.html

Mythos.) Doch so, wie die Menschen für den Feuerdiebstahl Prometheus' bestraft wurde hat auch die heutige technische Entwicklung ihren Preis, was ich nun erörtere. „Wissen ist Macht. Nichts wissen macht nichts"[13] Dieses ironische Wortspiel hat anthropologisch gesehen eine starke Aussagekraft, dessen Widerspruch ganz bewusst in zwei getrennte Sätze aufgeteilt sein muss. Man könnte es folgendermaßen deuten:

Wer sich spezifisches Wissen aneignet, verschafft sich einen Vorteil gegenüber anderen, welcher diesen eine gewisse Macht verleiht. Diese Macht kann sowohl zugunsten Anderer eingesetzt, als auch missbraucht werden. Als zum Beispiel die Atomphysik entdeckt wurde, verschaffte es den Menschen eine höchst ergiebige Energiequelle, welche in Form von Uran Atomkraftwerke ermöglicht hat.[14] Neben dieser Bereicherung wurde das Wissen über die Atomkraft aber auch für Kriegszwecke bzw. als Waffe missbraucht. 1945 wurden im Auftrag der USA zwei Atombomben auf Japan (Hiroshima und Nagasaki) geworfen, was verehrende Folgen mit sich brachte.[15] Des Weiteren brachte auch der friedliche Gebrauch dieser Innovation unvorhersehbare Folgen mit sich, wie zum Beispiel der Reaktorunfall 2011 in Fukushima, der durch ein Seebeben verursacht wurde. Gegen diesen Einflussfaktor war das AKW offensichtlich nicht geschützt. Obgleich man sich schließlich für die Energiewende ausgesprochen hat, wurde somit im übertragenen Sinne die Pandora als Atomkraft entdeckt und ihre Büchse mit der Detonation der Atombombe und des Reaktorblocks geöffnet.[16] Die Ironie hierbei ist, dass die nuklearen Strahlungen Krebs erzeugen, Menschen und ihr Erbgut schädigen oder gar töten,[17] aber andererseits Strahlung auch präventiv eingesetzt werden kann, um z.B. Tumorzellen zu zerstören, so dass das Gewebe nicht entnommen werden muss.[18] Wer also über all das nichts weiß, wird Menschen weder helfen noch schaden.

Eine weitere „Pandora-Entdeckung" ist die Gentechnik, gerade im Bereich der Medizin und Agrarwirtschaft kann sie sich als durchaus rentabel erweisen. Stammzellforscher arbeiten daran die Probleme bei der Organtransplantation zu beseitigen und sogar Nervenzellen, wie z.B. das Gehirn und Rückenmark regenerierbar zu machen. In der

---

[13] http://www.zitate-online.de/sprueche/allgemein/16882/wissen-ist-macht-nichts-wissen-macht-nichts.html
[14] http://www.kernenergie.de/kernenergie/themen/geschichte/
[15] http://www.helles-koepfchen.de/artikel/1313.html
[16] http://www.metropolis-verlag.de/Die-deutsche-Energiewende-nach-Fukushima/1028/book.do
[17] http://www.helles-koepfchen.de/artikel/1313.html
[18] http://hjb-fl.homepage.t-online.de/radonksl.htm

Landwirtschaft soll genetisch verändertes Saatgut die Erträge signifikant steigern und somit eine ausreichende Nahrungsversorgung garantieren können, da die Pflanzen unter anderem weniger Pestizide gegen Insekten bräuchten und das Erbgut der Pflanze den klimatischen Bedingungen angepasst wird, so dass sie besser wachsen. Eine amerikanische Studie hat jedoch ergeben, dass diese Vorteile nur bedingt oder gar nicht vorliegen, da sich der Preisabfall durch den höheren Nahrungsbedarf der wachsenden Weltbevölkerung kompensiert. Darüber hinaus sind Wildpflanzen in Gefahr ausgerottet zu werden und auch die gesundheitlichen Folgen für den Menschen sind noch zu wenig erforscht. Somit sind auch hier die Folgen nicht gänzlich absehbar.[19]

Einen weiteren Bezug zur Medizin bietet der Neologismus „Cyborg" (engl.: „cybernetic organsim) von Manfred Clynes.[20] Ein kybernetischer Organismus ist also eine Kombination von Biologie und Technologie, welche in vielerlei medizinischen Hilfsvorrichtungen für den Menschen wieder zu finden ist. Das können Prothesen, Hörgeräte, Herzschrittmacher[21], Dialysegeräte (Blutwäsche)[22] oder auch andere Apparaturen sein die uns ggf. sogar im Koma am Leben halten. Jedoch ist auch die beste Technik nicht fehlerfrei. Wenn nun also ein menschliches Leben davon abhängt und die Geräte versagen, dann hat auch hier Pandora als technisches Wunder ihre Büchse geöffnet. Wenn man bedenkt, dass die heutige Technik das Erzeugen starker Magnetfelder ermöglicht oder gar verursacht (z.B. in der Umgebung von Starkstromleitungen), so lässt sich die Schwachstelle erkennen in der Vorteil und Nebenwirkung miteinander kollidieren: Menschen mit einem Herzschrittmacher sollten sich keinen starken Magnetfelder aussetzen, da dieser dadurch beschädigt werden kann und der „Cyborg" sich somit in Lebensgefahr begibt. Des Weiteren könnten auch Handys, Autoschlüssel, EC-Karten und andere Elektronik zerstört werden.[23]

Machen uns nun also alle technischen Geräte, welche bei uns ein Handicap kompensieren, zu Cyborgs? Der Mensch ist von Natur aus ein rein biologisches Wesen, wenn dieser zum Beispiel einen Arm verliert, ist die Prothese eine Nachbildung, die dem menschlichen Arm sowohl optisch als auch funktional gleichen soll. Es ist also eine künstliche Nachbildung der Natur, welche aus den Rohstoffen der Natur gefertigt

[19] http://www.genzukunft.de/Gentechnik/Pro-und-Contra-zur-Gentechnik/Pro-und-Contra-zur-Gentechnik.html
[20] RENGER, „Mythos Pandora", S. 17, Zeile 21
[21] RENGER, „Mythos Pandora", S. 17, Zeile 18f
[22] http://www.onmeda.de/behandlung/dialyse.html
[23] http://www.bigel-labs.de/13.Gefahren/2.Magnetfeldgefahren.htm

wurde. Dieses Prinzip lässt sich auf die Erschaffung Pandoras zurückführen, denn Hephaistos hat die Erde nutzbar gemacht (Rohstoffe verarbeitet), um ein Wesen zu erschaffen, welches einer Jungfrau gleicht[24] (eine Prothese gebaut, welche dem verlorenen Arm gleicht), letztendlich aber ist diese künstlich erschaffene Figur trotzdem die erste Frau auf Erden. Wie sollen Menschen sich nach dem Ausbruch der Sterblichkeit aber fortgepflanzt haben, wenn Pandora als erste Frau[25] nicht natürlich gewesen sein soll? Dieses Paradoxon bringt eine herablassende Grundeinstellung mit sich, welche u.a. für Probleme gesorgt haben könnte, bevor sich die Emanzipation etabliert hat. Somit bringt auch die Deutung als „Chiffre der Natur"[26] etwas Diskriminierendes mit sich, zumindest wenn man Pandora oberflächlich betrachtet, denn eine Chiffre ist etwas Verschlüsseltes[27], was nur Eingeweihte verstehen, also die Götter. Da die Menschen das aber nicht wussten, erschien sie Ihnen womöglich nutzlos, wie ein Code, den man nicht versteht. Andererseits kann die Bezeichnung als Chiffre auch verdeutlichen, dass Pandora als erste Frau, und somit noch unbekannt, etwas Mysteriöses oder Aufregendes an sich hatte.

Im Bezug zur Technologie möchte ich zuletzt noch auf das Internet eingehen. Sloterdijk deutet das Internet in seinem Essay als Pandoras Büchse, wobei die Büchse die Hardware ist, in der sich die Software, also das Internet an sich befindet.[28] Noch besser lässt es sich jedoch deuten, wenn man sagt, dass Pandora die Hardware des Internets darstellt und ihre Software in Form des World Wide Webs als Büchse bei sich trägt. In der Büchse wiederum befinden sich alle Facetten, die das Internet mit sich bringt. Am 30. April dieses Jahres wird das Internet bereits 21 Jahre alt sein. Es ist aus der heutigen Gesellschaft und aus ihrem Alltag kaum noch zu entbehren, denn es bietet eine hohe Effizienz und Bequemlichkeit, sowohl global als auch für Privatpersonen.[29]

Die Wirtschaft wurde grundlegend revolutioniert, der größte Anteil des heutigen Geldes liegt in digitaler Form vor. In Schweden sind gerade mal 3% der gesamten Wirtschaftsleistung bares Geld, wobei sogar eine komplette Abschaffung in Planung ist.

---

[24] RENGER, „Mythos Pandora", S. 16, Zeile 25-28
[25] RENGER, „Mythos Pandora", S. 17, Zeile 3f
[26] RENGER, „Mythos Pandora", S. 17, Zeile 8
[27] http://www.duden.de/rechtschreibung/Chiffre (entnommen am: 15.03.2014)
[28] SLOTERDIJK, „Nietzsche im Monsterpark", in: Renger, „Mythos Pandora", S. 18, Zeile 25f
[29] http://news.toptarif.de/wie-alt-ist-das-internet/

Es gibt bereits nationale Obergrenzen, ab denen nur noch digital bezahlt wird.[30] Online-Shopping und Online-Banking von zu Hause, aber auch digitale Transaktionen in Geschäften mithilfe von Bank- und Kreditkarten oder auf internationaler Ebene sind wie Öl im Getriebe der Wirtschaft. Darüber hinaus haben sich auch die Kommunikation, der Informationsfluss und die Unterhaltung(-sindustrie), (sowohl online als auch offline) mithilfe von Computern und dem Internet verändert. Bildung und Informationen aus aller Welt sind problemlos abrufbar, Videospiele werden entwickelt, u.a. online gespielt und verkauft. „Steam" ist als Online-Vertriebsplattform und Gaming-Community eines von vielen Beispielen dafür.[31] Soziale Netzwerke und Plattformen, wie „facebook", „Twitter", „tumblr", YouTube" usw. bieten dem Nutzer kommunikative Möglichkeiten mit anderen in Kontakt zu bleiben und Erlebnisse miteinander zu teilen oder sich künstlerisch in Form von Blogs, Videologs, Musik und Ähnlichem zu verausgaben. Wer all diese Annehmlichkeiten genießt, muss sich aber auch über die Gefahren im Klaren sein. Konflikte oder Rechtsstreit bleiben bei der Nutzung nicht aus. Die Online-Kriminalität reicht von Urheberrechtsverletzung und illegaler Datenverbreitung, über Identitätsdiebstahl bis hin zum sog. „Skimming", wo mit manipulierten Kartenlesegeräten oder Geldautomaten die persönlichen Daten ausgespäht und zum Missbrauch gespeichert werden.[32]

Was die Kommunikation anbelangt, werden Gut und Übel aus Pandoras Büchse besonders deutlich. Ein Großteil der digitalen Kommunikation hat sich mittlerweile von Computern auf Smartphones verlagert. Neben der klassischen Telefon- und SMS-Funktion haben sie mittlerweile ein so großes Funktionalitätsspektrum, dass sie praktisch mobile Computer sind. Von Navigationssystemen mit GPS, über hochauflösende Kameras, bis hin zu Online-Nachrichtendiensten stehen mithilfe von Applikationen etliche Möglichkeiten offen. So bereichernd das aber auch ist, birgt dies ein hohes Suchtpotential, was sich im heutigen Alltag vor allem bei der Jugend beobachten lässt. Wenn man sich nun das kommunikative Verhalten und die mangelnde Aufmerksamkeit, so wie ihre die Sprunghaftigkeit ansieht, erkennt man einen anthropologisch eher suboptimalen Zustand. Tablets und Smartphones verkörpern somit jeweils eine Büchse Pandoras. Wobei die ständige Neugier und das Suchtverhalten den

---

[30] http://www.nzz.ch/aktuell/data/wie-die-elektronische-geldboerse-das-bargeld-abloesen-soll-1.16900660
[31] http://de.wikipedia.org/wiki/Steam
[32] http://www.polizei-beratung.de/themen-und-tipps/betrug/betrug-an-geldautomaten/skimming.html

Nutzer zu Pandora selbst machen. Der Erfinder einer derartigen Technologie kann somit als Prometheus gedeutet werden, welcher den Menschen das „Feuer" bringt. Es liegt an aber jedem selbst, ob die Vor- oder Nachteile überwiegen.

2.2.2 Pandora in der Liebe und Sexualität

„...Dosen, Schachteln, Kästen, Schränke, Ofen entsprechen dem Frauenleib..., aber auch Höhlen, Schiffe und alle Arten von Gefäßen."[33] Diese These von Sigmund Freud lässt zunächst auf eine sexistische Äußerung schließen, bei der die Frau auf ihren Genitalbereich reduziert wird. Im der heutigen Umgangssprache wird die Vagina einer Frau unter anderem synonym als „Dose" bezeichnet.[34] Zunächst lässt sich hier eine Parallele zu Freuds Karikatur „What's on a man's mind" feststellen, welche im Anhang zu finden ist. In dieser ist der Kopf eines Mannes abgebildet, dessen Gesicht eine unbekleidete Frau darstellt. Das Bild und sein Titel sollen also vermitteln, dass ein Mann lediglich sexuell orientiert sei und eine Frau somit instrumentalisiere. Dies ist der Grund, warum Renger Freud in ihrer Monografie aufführt, denn auch Aphrodite, die Göttin der Schönheit, Liebe und Sexualität,[35] hat Pandora mit Eigenschaften beschenkt, die sie begehrenswert machen.[36] Da Zeus Pandora „zum Wehe der rastlosen Männer" erschaffen ließ,[37] ist Freuds These nicht abwegig. Andererseits sollte man bei der Deutung auch andere Facetten berücksichtigten, die beim Zusammentreffen beider Geschlechter vorliegen. Wenn Pandora die erste Frau auf Erden war, so war den Männern die Frau gänzlich unbekannt und Epimetheus, welcher die Warnung seines Bruders ignorierte, bekam, gebracht von Hermes[38], Pandora als Geschenk und zeugte drei Kinder mit ihr. Ihre Namen lauten „Pyrrha", „Prophasis" (Entschuldigung) und „Metamalia" (Reue).[39] Wenn man nun also die Bedeutung dieser Namen betrachtet, lässt sich vermuten, dass diese Kinder unerwünscht oder gar als Übel für ihre Eltern waren. Soll das also heißen, Pandora habe im übertragenen Sinne ihre Büchse für Epimetheus geöffnet, als sie mit ihm geschlafen hatte? Verkörpern diese Kinder denn nicht auch die Hoffnung, welche in der Büchse verblieben sein soll, da sie eine

---

[33] FREUD, „Traumdeutung", in: Renger, „Mythos Pandora", S. 22
[34] http://www.wissen.de/synonym/vagina (entnommen am: 16.03.2014)
[35] „Aphrodite", in: Lexikon der griechischen und römischen Mythologie, Christine Harrauer, Perkersdorf, 2006, S. 54
[36] HESIOD, „Werke und Tage", Vers 65-67
[37] HESIOD, „Werke und Tage", Vers 81f
[38] HESIOD, „Werke und Tage", Vers 84
[39] http://www.vollmer-mythologie.de/epimetheus/

zukünftige Generation sind? Soll es also eine Strafe für die Menschheit sein, dass auch sie sich jetzt fortpflanzen müssen, wie Epimetheus es mit Pandora tat, damit sie nicht aussterben? Abgesehen vom schmerzhaften Gebären ist das Auftreten des Sexualtriebes in ungünstigen Situationen eher suboptimal, aber man kann davon ausgehen das ein Höhepunkt beim Geschlechtsverkehr nicht als Teil einer Bestrafung empfunden wird, sondern dass diese viel mehr darin liegt diesen Trieb nicht jederzeit frei ausleben zu dürfen. Da auch die Emotion Liebe ein eigener Faktor ist, der in der Sexualität eine begleitende Rolle spielt, wäre es also paradox die These Freuds lediglich als herablassenden Sexismus zu interpretieren, da die Büchse „Frau" somit auch die Facetten der Liebe enthält.

Obwohl Epimetheus Pandora geschenkt bekommen hatte und Prometheus ihn warnte es anzunehmen, kehrt Goethe in „Prometheus. Dramatisches Fragment" die Verhältnisse um. Dort wird Pandora aus dem Munde Prometheus' als höchst liebenswert dargestellt,[40] wobei er doch von ihrem Übel überzeugt gewesen sein soll. War also auch er ihrem Reiz unterlegen oder hat er das Übel selbst nicht kommen sehen und gönnte das Geschenk seinem Bruder nur einfach nicht? Dies kann entweder eine Umdeutung von Goethe oder eine andere Überlieferung des Mythos sein.

Wie es zu diesen Umständen gekommen sein könnte, lässt sich chronologisch deuten. Zunächst wird die Menschheit von den Übeln aus Pandoras Büchse heimgesucht, sie lernt das Leiden und den Tod kennen. Die Schuld an diesem Übel zieht automatisch die Projektion von Hass auf einen Sündenbock mit sich. „'[...]Sie ist [...] die Urheberin der Krankheiten, Sorgen und überhaupt aller Plagen, die die Menschheit drücken.' " Dies schildert Karl Philipp Moritz über Pandora in seinem „Mythologischen Wörterbuch".[41] Sollte Pandora die Büchse also selbst geöffnet haben, ist diese Aussage objektiv und neutral, doch im Wortklang lässt sich der Ausdruck von Hass nicht vermeiden. Aus diesem Hass wiederum resultiert eine Missbilligung und Entwürdigung, so wie man es heutzutage z.B. durch Mobbing zum Ausdruck bringt. „Neben dem offenen Deckel verlor Pandora [...] ihren bisherigen Reiz"[42] Entweder hat Pandora durch ihre Sünde dafür gesorgt, dass ihre Schönheit durch den Hass an Bedeutung verliert oder die Karikatur Freuds ließe sich hiermit bestätigen, wenn Männer dazu neigen an einer Frau

---

[40] GOETHE, „Prometheus. Dramatisches Fragment" Akt. 1 Vers 174-187, in: Renger, „Mythos Pandora", S. 24
[41] MORITZ, „Mythologisches Wörterbuch", Pandora, in: Renger, „Mythos Pandora", S.164
[42] MAKEDONIS, „Anthologia Palatina" Buch 10, Nr. 71, in: Renger, Mythos Pandora", S. 66

nicht länger interessiert zu sein, sobald sie mit ihnen geschlafen haben und somit das erfüllt ist, was Freud behauptet. Wenn es aber kein Desinteresse, sondern doch der Hass für ihre Sünde ist, so sind Menschen auch in der Lage zu verzeihen, sobald sie einsehen, dass der Mensch fehlbar (geworden) ist. Aus dieser Erkenntnis folgt das Verständnis und womöglich das Mitleid für Pandora: Sie habe dem Reiz und der Neugier, ob nun am Inhalt der Büchse oder an der Sexualität nicht widerstehen können. „ ‚Dir nicht, gute Pandora; dem bösen Schicksal zürn' ich[.] […] Ach da erblaßeten dir die Wangen, arme Pandora; seit dir der Deckel entfuhr, welket die Schöne so früh.' „[43] Hier wird die Schuld also dem Schicksal zugesprochen (oder auch der bösen Versuchung), Pandora sei dem nur zum Opfer gefallen. Mit derartigem Verständnis verliert der Hass an Grundlage und schafft Platz für die Liebe im Gemüt des Menschen:

> „ *[sic!] ‚Pandora: Furchtbar zieh eiwges Mißlingen*
> *Der Geschicke Kette uns hinein,*
> *Doch Hoffnung wird stets Hilfe bringen,*
> *Ihre Hand von Tränen uns befrein.*
>
> *Süße Fehler werden wir begehen,*
> *Unser Leiden wird voll Freuden sein.*
> *Doch wenn wir am Rand von Schluchten stehen,*
> *Deckt die Liebe sie mit Blüten ein.' „*[44]

Dies hätten die tröstenden Worte Pandoras sein können, sofern man ihr mit Empathie begegnet wäre. Wenn man nun die Arten von Liebe differenziert, wird besonders an der Liebe zwischen Partnern in einer Beziehung deutlich, dass ein Kreislauf geschaffen wurde, den man in jeder Liebe beobachten kann: Liebe und Hass sind Gegenspieler und können ohne einander nicht existieren.[45] Wenn die Welt vor Pandoras Ankunft und dem Öffnen der Büchse ein Paradies gewesen sein soll, so kann es keine Liebe gegeben haben, da sie auch keinen Grund zum Hassen gehabt hätten, schließlich war auch das Leben nicht als solches definiert, da es den Tod zuvor nicht gab. Somit wurden zwei Zyklen geschaffen, die die Menschheit bis heute durchlebt. Diesbezüglich kann man behaupten, dass mit der Erschaffung der Pandora das „Rad der Anthropologie" erfunden wurde.

---

[43] HERDER, „Blumen aus der griechischen Anthologie gesammlet", Siebentes Buch, 25: Pandora, in: Renger, „Mythos Pandora", S. 67
[44] VOLTAIRE: „Pandora", Oper, Auszug aus dem 5. Akt. Finale, in: Renger, „Mythos Pandora", S. 104
[45] http://www.neon.de/artikel/fuehlen/liebe/liebe-und-hass/996657

2.3 Das Spiel „God of War"

Das Spiel "God of War I" spielt in der Mythologie des alten Griechenlands. Der Protagonist „Kratos" stürzt sich zu Beginn des Spiels von einer Klippe ins Meer hinunter, weil er seine Hoffnung verloren hat. Bevor er im Wasser auftrifft, beginnt eine Rückblende von drei Wochen, die das gesamte Spiel ausmacht. Seit zehn Jahren segelt Kratos im Auftrag der Götter durch die Meere in der Hoffnung Erlösung von seinen schlimmen Erinnerungen seiner Vergangenheit zu finden. Nach dem Bezwingen einer Hydra (Wasserschlange) bittet er Athene ihn von seinen Qualen zu erlösen, doch diese erlegt ihm eine noch viel größere Herausforderung auf. Der Kriegsgott Ares, der Bruder von Athene, ist dabei ihre Stadt Athen zu zerstören und so wird Kratos gebeten diesen zu bezwingen, da der Göttervater Zeus verboten hat, dass die Götter einander bekämpfen. So begibt sich Kratos auf die Suche nach der Macht, die ihn befähigt Ares zu bezwingen und stößt auf seinem Weg auf ein Orakel, welche ihn den Hinweis auf die Büchse der Pandora gibt, in welcher die Macht verborgen ist einen Gott zu töten. Das Orakel wagt einen Blick in Kratos' Seele und ermöglicht dem Spieler einen Einblick in seine grausame Vergangenheit. Einst war er ein spartanischer Kriegsführer mit brutalem Kampfstil. Wie das Orakel ihm geraten hat, betritt Kratos die „Wüste der verlorenen Seelen", um nach der Büchse der Pandora zu suchen. Dort findet er eine weitere sprechende Statur von Athene, welche u.a. an der Eule zu erkennen ist. Sie erklärt ihm, wie er die Wüste sicher durchquert und wo die Büchse zu finden ist. Als Kratos schließlich den Tempel der Pandora durchschreitet, erinnert er sich erneut an seine Vergangenheit. Der Spieler erfährt, dass Kratos einen Pakt mit Ares eingegangen ist, um sowohl sein Leben, als auch seine Kariere als Kriegsherr zu retten. Ares tötete seine Feinde und verlieh ihm große Macht, darunter auch die Chaosklingen, im Gegenzug verkaufte Kratos ihm seine Seele und stellte sich unter seine Dienste. Er erinnert sich, wie er ein Dorf niederbrannte und in seinem Wahn schließlich seine Familie tötete. Von diesem Tage an hatte Kratos sich gegen seinen Herren verschworen und trägt die Asche seiner toten Familie auf seiner Haut als Mal für seinen Mord. Als Kratos die Büchse der Pandora findet, wird er von Ares getötet und ihm die Büchse genommen, doch er entflieht aus dem Reich der Toten und begibt sich nach Athen. Im Laufe seiner Reise haben auch die anderen Götter ihn mit Fähigkeiten bzw. Zaubern beschenkt und so nutzt Kratos den Moment der Unachtsamkeit Ares' aus, um sich die Büchse zurückzuholen. Er öffnet die Büchse und erlangt göttliche Kraft mit der er Ares tötet.

Erneut spricht Kratos mit Athene, diese sagt ihm, man könne ihm seine Taten zwar vergeben, aber vergessen könne man sie nicht. Mit der Erkenntnis niemals erlöst zu werden, stürzt Kratos sich (erneut) von der Klippe des Ägäischen Meeres. Jedoch wird er gerettet und bekommt zum Dank für seine Arbeit den Posten als neuen Kriegsgott.[46] [47]

2.3.1 Darstellung von Pandora und ihre Büchse

Es gibt signifikante Unterschiede zwischen dem Mythos von Hesiod und der Umsetzung im Spiel. So verhält es sich auch mit Pandora und ihrer Büchse. In „Prometheus und Pandora" gibt es keine Aufschlüsse darüber, ob auch die Büchse von Hephaistos hergestellt wurde, jedenfalls spielt dort aber Pandora als erste Frau und somit verführende Versuchung eine primäre Rolle gegenüber der Büchse und soll die Menschen für Prometheus' Feuerdiebstahl bestrafen. In GOW hingegen ist die Büchse vor den Menschen in einem Tempel versteckt.[48] Im Spiel sollen die Menschen also beschützt, statt bestraft werden, denn nicht wie im Mythos sind die Menschen der Grund für den Zorn des Zeus, sondern der Kriegsgott Ares. Dieser belagert die Stadt Athen und stört den Frieden der Menschen.[49] Zu unterscheiden ist jedoch hier, dass die Menschen nicht erst beim Öffnen der Büchse oder dem Ausbruch des Übels in Form von Ares' und Kratos' Zerstörungswut sterblich werden, denn sonst hätte es keine Armeen gegeben und Kratos wäre nie Kriegsherr geworden. Dennoch soll die Menschheit vor Ares' Rebellion frei von Übeln gewesen sein,[50] so wird der (natürliche) Tod in GOW scheinbar nicht als Übel betrachtet.

Weitere Hintergründe werden in den Videosequenzen des ersten Teils von GOW nicht aufgeführt und dafür im zweiten und dritten, jedoch ist zu beachten, dass diese Hintergründe bereits vor oder während dem Verlauf des ersten Teils stattfinden, so dass es angemessen wäre darauf einzugehen.

Besonders auffällig ist, dass Pandora selbst im ersten Teil weder erwähnt wird, noch auftritt und somit eindeutig in eine Hintergrundrolle gedrängt wird. Jedoch soll Pandora der Schlüssel für die Büchse sein und die einzige Möglichkeit an sie zu gelangen ohne

---

[46] http://godofwar-game.de/index.php/god-of-war-i-allgemeine-infos
[47] YOUTUBE, „God of War 1-3 _ Komplette Story (Deutsch)", God of War I, Zeit: 03:18 – 26:10
[48] YOUTUBE, „God of War 1-3 _ Komplette Story (Deutsch)", God of War I, Zeit: 08:40 – 9:45
[49] http://godofwar-game.de/index.php/buechse-der-pandora ("God of War I")
[50] http://godofwar-game.de/index.php/buechse-der-pandora ("God of War I")

durch das Feuer des Olymps getötet zu werden, denn sie selbst ist aus dem Feuer von Hephaistos erschaffen worden. Nicht umsonst sollte es so schwer sein an die Büchse zu gelangen, denn Zeus verbannte alle Übel in diese Büchse.[51] Im ersten Teil jedoch wird noch nicht erwähnt, um welche Übel genau es sich handelt. Es werden also nicht nur die Prioritäten von Pandora und der Büchse invertiert, sondern auch ihre Intention. Ein weiterer Unterschied ist die visuelle Darstellung der Büchse. Man könnte sie viel mehr als Kiste oder Truhe bezeichnen, da sie so groß ist, dass man sie kaum noch als Büchse bezeichnen könnte und allein schon der Deckel so schwer ist, dass Kratos ihn runter schieben muss, anstatt ihn einfach abzunehmen,[52] wie es im Mythos geschieht. (Eine weitere Darstellung ist im Anhang zu finden.)

2.3.2 Weitere Umdeutungen

Wenn man die einzelne Elemente des Mythos betrachtet, wie z.b. das „schöne Übel"[53], die Beziehung zwischen Epimetheus und Pandora oder das Öffnen der Büchse, dann stößt man bei der Übertragung auf GOW auf unerwartete oder fast schon ironische Wendungen. Man könnte behaupten, dass sich die Handlung des Mythos im Spielgeschehen wiederfinden lässt. Gegen Ende des Spiels öffnet Kratos die Büchse und erlangt somit die Macht einen Gott zu töten. Bezogen auf die Spielgeschichte ließe sich behaupten, dass dies bereits das zweite Mal war, dass er die Büchse öffnete, denn im Laufe seiner Jugend muss Kratos eine starke Liebe zum Kämpfen und Töten entwickelt haben, da er zum spartanischen Kriegsherr wurde und er dieser Berufung und Karriere mit großer Leidenschaft nachging. (brutales Vorgehen)[54] Diese Liebe brachte er zum Ausdruck, als er Ares seine Seele opferte, um gerettet zu werden und zu siegen. Ares ist somit die Verkörperung seiner Liebe (seine Pandora) und gleichzeitig die Innovation und Macht, nach der er strebt. Spätestens zum Zeitpunkt seines Treueschwurs „gesteht er Pandora seine Liebe". Auch er war ein Narr wie Epimetheus, das „Geschenk" anzunehmen und erkannte erst die Konsequenzen, als es zu spät war.[55] Kratos hatte nämlich eine Familie, die er liebte und war überzeugt sie in Sparta gelassen zu haben, doch Ares spielte ihm einen Streich und ließ ihn seine Frau und sein Kind

---

[51] http://godofwar-game.de/index.php/buechse-der-pandora ("Entstehung")
[52] YOUTUBE, „God of War 1-3 _ Komplette Story (Deutsch)", God of War I, Zeit: 21:36
[53] RENGER, „Mythos Pandora", S. 17, Zeile 6
[54] YOUTUBE, „God of War 1-3 _ Komplette Story (Deutsch)", God of War I, Zeit: 07:00 – 07:20
[55] YOUTUBE, „God of War 1-3 _ Komplette Story (Deutsch)", God of War I, Zeit: 12:00 – 12:50

töten.[56] Ares, als seine Pandora, hat die Büchse geöffnet (oder auch Kratos als Epimetheus) und ihm seine neue Tochter geboren: „Metamalia" (Reue). Diese begleitet ihn in Form der Asche, welche seit jener Nacht an seinem Körper haftet.[57] Wie bereits erwähnt wird Pandora als „schönes Übel" bezeichnet, so verkörpert es Ares, aufgrund Kratos seiner Liebe zum Krieg, zur Macht und brutaler Gewalt. Die Macht, die Ares ihm bot, ist zu vergleichen mit den verführenden Reizen Pandoras.

Letztlich kann man auch Kratos als Vertreter Pandoras deuten, denn er ist der allseits Beschenkte, mit Übeln und Macht: Der Verlust seiner Familie, mit quälenden Erinnerungen und dem Schmerz daran, welcher auch durch den Sex mit schönen Frauen nicht gemildert wird, (also im Spiel unwichtiger ist, als in der Deutung des Mythos); Die Zauber, welche ihm die Götter auf seiner Reise verleihen, die Artemisklinge, Poseidons Dreizack, die Chaosklingen von Ares[58] und vor allem die Büchse der Pandora, welche er findet. Wenn man all die Hilfsmittel und sein Leiden mit der Schönheit und den Übeln in der Büchse vergleicht und bedenkt, dass er diese sogar hat, lässt sich die Deutung von Kratos als Pandora bestätigen. In diesem Falle wäre Ares statt Pandora der Überbringer der Büchse, so wie Hermes im Mythos.[59] Kratos, als Pandora, hätte somit die Büchse selbst (zum ersten Mal) geöffnet und das Kind Metamalia selbst ausgetragen.

Als er die Büchse vor dem Kampf mit Ares öffnet, wächst er auf die gleiche Größe[60] wie Ares und ist in der Lage ihn zu töten. Was also war in der Büchse (noch) drin? Wenn das Chaos und somit die Übel bereits zuvor durch Kratos und Ares verbreitet wurden, muss er die Büchse zu dem Zeitpunkt, als er die Macht erlangte, zum zweiten Mal geöffnet haben, denn diese Macht kann nur noch die Hoffnung gewesen sein, wo doch die Übel bereits befreit waren und er sich von seiner Erfüllung des Auftrages Ares zu töten versprach von seinen Qualen erlöst zu werden.[61] So ist es auch im Mythos, mit dem Unterschied, dass man nicht weiß, ob die Büchse nochmal geöffnet und somit die Hoffnung befreit wurde.

---

[56] YOUTUBE, „God of War 1-3 _ Komplette Story (Deutsch)", God of War I, Zeit: 18:10 – 19:00
[57] YOUTUBE, „God of War 1-3 _ Komplette Story (Deutsch)", God of War I, Zeit: 19:00 – 19:31
[58] http://godofwar-game.de/index.php/god-of-war-i/289-god-of-war-waffen-ausruestung
[59] HESIOD: „Werke und Tage" Vers 84f
[60] YOUTUBE, „God of War 1-3 _ Komplette Story (Deutsch)", God of War I, Zeit: 21:30 – 21:50
[61] YOUTUBE, „God of War 1-3 _ Komplette Story (Deutsch)", God of War I, Zeit: 23:40 – 24:00

3. Ergebnisse und Stellungnahme

Zusammenfassend kann man behaupten, dass die Büchse der Pandora uns in unserem heutigen Alltag stets begleitet, ob nun in Form von Technologie oder einer Partnerschaft. Beides ist für die heutige Menschheit wichtig und man sollte sich immer im Klaren über die Gefahren oder Möglichen Enttäuschungen sein. Eine neu erfundene Technik ist mit Vorsicht zu genießen, gerade bei der Entdeckung der Atomenergie hätte man nicht derartig leichtsinnig sein dürfen. Genveränderte Nahrungsmittel sollten dem Verbraucher kenntlich gemacht werden, so dass dieser weiß, welchen Risiken er sich ggf. aussetzt. Jeder, der das Internet nutzt, kann einen Teil dazu beitragen, dass seine Daten geschützt bleiben und sollte sein soziales Umfeld nicht aus den Augen verlieren. Wer sich verliebt wird sich selten anders als Epimetheus verhalten, so ist der Mensch nun mal, Liebe macht bekanntlich naiv und blind. Was die Sexualität anbelangt, bin ich der Meinung, dass selbst unsere heutige Kultur teils verklemmt bei einer doch so natürlichen Sache ist. Ich finde es durchaus angemessen seinem Trieb, also seiner Menschlichkeit nachzugehen, sofern man keine persönlichen Grenzen überschreitet oder gar ein Verbrechen begeht. Andererseits sollte man verhüten, wenn man das eventuelle „Übel aus der Büchse" vermeiden will. So wie Liebe und Hass ohne einander nicht auskommen, ist folgendes eine Tatsache: Die Welt ist voller „schöner Übel".

Ich fand es sehr interessant zu untersuchen, inwieweit sich der Mythos und seine Elemente auf „God of War" übertragen lassen. Die Darstellung des Übels und der Hoffnung ist sehr gut gelungen und auch die Umdeutungen, wie z.B. der Zweck der Büchse als Schutz für die Menschheit bietet einen interessanten Wendepunkt. Schade finde ich jedoch, dass Pandora im ersten Teil der Trilogie nicht auftaucht. Eine Begegnung mit ihr in ihrem Tempel beim Finden der Büchse hätte mir sehr gefallen und evtl. die Aufgabe sie heil aus dem Tempel zu führen, bevor Kratos von Ares getötet wird. Das Spiel bietet eine schöne, moralische Lehrgrundlage, was Rache, blinde Wut, Liebe, Vertrauen und das Verändern von Menschen angeht. Offen geblieben ist jedoch die Frage, was den Spielautoren dazu bewegt hat, den Mythos so umzusetzen, wie er es getan hat, da es teils doch recht große Abweichungen gibt. Auf meinen Tweet, indem ich ihn danach gefragt hatte, bekam ich keine Antwort.[62] So bleibt mir nur zu behaupten, dass es sich so besser umsetzen ließ.

---

[62] https://twitter.com/Mc_Domeo/statuses/435044519252213760

4. Anhang

4.1 Quellen und Literaturverzeichnis

Primärquellen:

Hesiod, Werke und Tage, Vers 47-105 in:

http://www.gottwein.de/Grie/hes/ergde.php (entnommen am: 16.02.14)

Sekundärquellen:

Almuth-Barbara Renger, Immanuel Musäus (Hrsg.): Mythos Pandora. Texte von Hesiod bis Sloterdijk, Reclam, Leipzig 2002

Christine Harrauer und Herbert Hunger (Hrsg.), Lexikon der griechischen und römischen Mythologie, Perkersdorf, 2006, Verlag Brüder Hollinek

Vandenhoeck & Ruprecht, „Litora Texte und Übungen", Hubert & Co, Göttingen, 2008

Internetquellen:
http://bazonline.ch/wissen/technik/Atomenergie-die-letzte-Hoffnung/story/10833158 (entnommen am: 08.03.2014)

http://www.bigel-labs.de/13.Gefahren/2.Magnetfeldgefahren.htm (Entnommen am: 15.03.2014)

http://www.genzukunft.de/Gentechnik/Pro-und-Contra-zur-Gentechnik/Pro-und-Contra-zur-Gentechnik.html (entnommen am: 15.03.2014)

http://www.giantbomb.com/david-jaffe/3040-44184/ (entnommen am: 22.03.2014)

http://www.greek-gods.info/deutsch/olympische-goetter/hephaistos/ (entnommen am: 08.03.2014)

http://www.griechische-goetter.com/Hermes.html (entnommen am: 08.03.2014)

http://godofwar-game.de/index.php/buechse-der-pandora (entnommen am: 22.03.2014)

http://godofwar-game.de/index.php/god-of-war-i-allgemeine-infos (entnommen am: 22.03.2014)

http://godofwar-game.de/index.php/god-of-war-i/289-god-of-war-waffen-ausruestung (entnommen am: 23.03.2014)

http://www.helles-koepfchen.de/artikel/1313.html (entnommen am 15.03.2014)

http://www.kernenergie.de/kernenergie/themen/geschichte/ (entnommen am 15.03.2014) http://www.metropolis-verlag.de/Die-deutsche-Energiewende-nach-Fukushima/1028/book.do (entnommen am 15.03.2014)

http://www.navigator-allgemeinwissen.de/die-wichtigsten-fragen-und-antworten-zur-mythologie/griechische-mythologie/legenden-a-sagen/prometheus/749-was-holte-prometheus-von-der-sonne.html (entnommen am: 09.03.2014)

http://www.navigator-allgemeinwissen.de/die-wichtigsten-fragen-und-antworten-zur-mythologie/griechische-mythologie/legenden-a-sagen/prometheus/750-welchen-auftrag-erhielt-prometheus-von-den-goettern-des-olymp.html (entnommen am: 09.03.2014)

http://www.neon.de/artikel/fuehlen/liebe/liebe-und-hass/996657 (entnommen am: 16.03.2014)

http://news.toptarif.de/wie-alt-ist-das-internet/ (entnommen am: 15.03.2014)

http://www.nzz.ch/aktuell/data/wie-die-elektronische-geldboerse-das-bargeld-abloesen-soll-1.16900660 (entnommen am: 15.03.2014)

http://www.onmeda.de/behandlung/dialyse.html (entnommen am: 15.03.2014)

http://www.polizei-beratung.de/themen-und-tipps/betrug/betrug-an-geldautomaten/skimming.html (entnommen am: 15.03.2014)

http://suite101.de/article/die-buechse-der-pandora-raetsel-und-fakten-um-eine-redewendung-a107605 (entnommen am: 09.03.2014)

http://www.vollmer-mythologie.de/epimetheus/ (entnommen am: 08.03.2014)

http://de.wikipedia.org/wiki/Steam (entnommen am: 15.03.2014)

http://www.zitate-online.de/sprueche/allgemein/16882/wissen-ist-macht-nichts-wissen-macht-nichts.html (entnommen am 15.03.2014)

Sonstige:

YOUTUBE: ps3forumDE, God of War 1-3 _ Komplette Story (Deutsch)

http://www.youtube.com/watch?v=h54_jUXyFo8 (entnommen am: 16.02.14)

Videoausschnitt: 00:00 – 26:39

4.2   Verwendete Bilder

Aus: http://www.posters.ws/images/96866/what_s_on_man_s_mind_sigmund_freud.jpg
(entnommen am:08.03.2014)

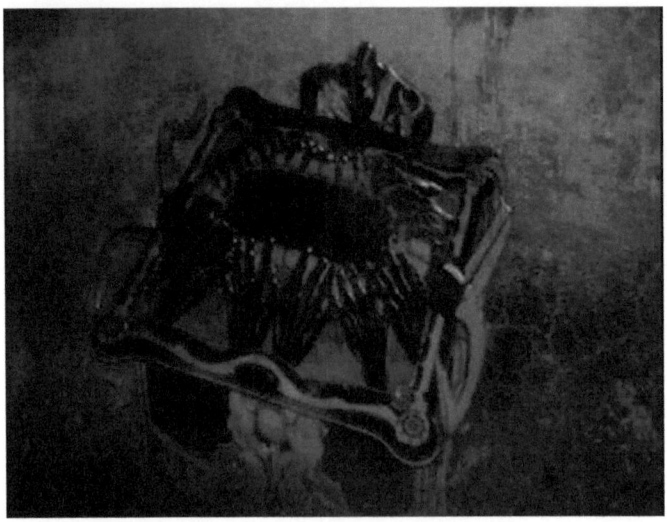

Aus: http://godofwar-game.de/images/stories/BdO-Artikel/Pandora1.JPG
(entnommen am: 22.03.2014)